THIS BOOK BELONGS TO:

Dylan·Rands

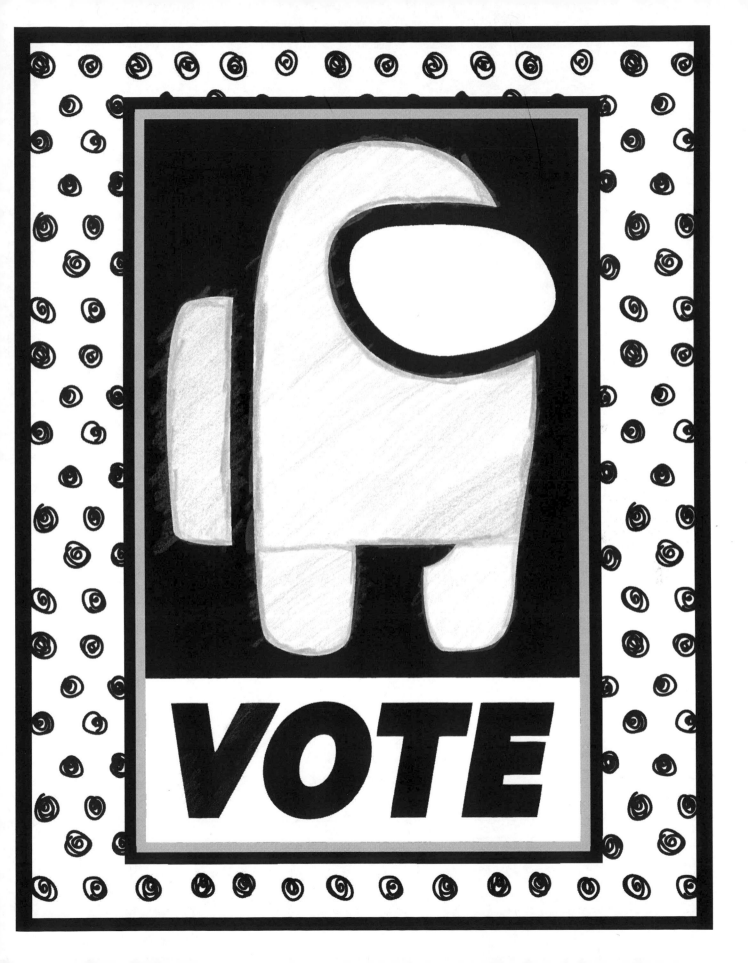

vote

ursus

SUS

sabotage

mini sus

meh

caution

spooky

imposter

masked sus

witch sus

not sus

bat sus

no evidence

kinda sus

u r dumb

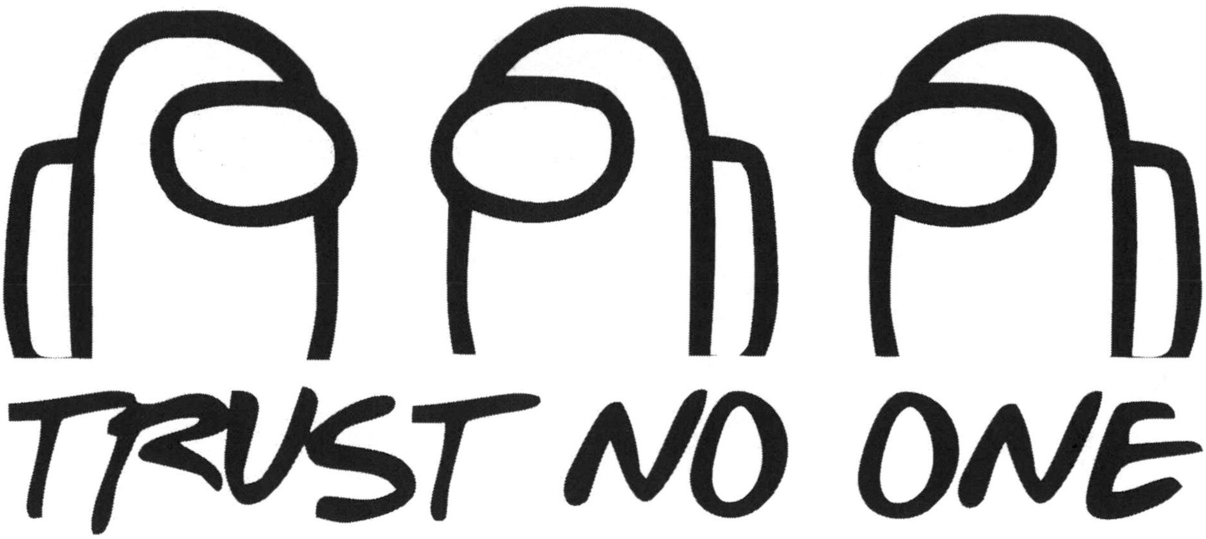
TRUST NO ONE

trust no one

shhhhhhh!

imposter

space sus

dead

autopsy

fawkes

plague